学前教育专业系列教材·美术

国画 CHINESE PAINTING

李　莉　李全华
汪　瑾　张万琪　编著

ZHEJIANG UNIVERSITY PRESS
浙江大学出版社

序一

随着时代的进步和我国教育改革的深化，艺术与艺术教育日益受到人们的重视。现代人普遍意识到，奥妙无穷的艺术世界，无论是对于个体人生经验的丰富，还是对于其崇高心灵和蓬勃精神的构建，都具有决定性的意义。然而，并非所有被称为艺术的东西都能起到这种作用，真正的艺术也并非于每一个体都行之有效。艺术的欣赏、创造与接受，乃是一种高级的文化素养，需要通过健康的艺术教育而获得。健康的艺术教育不是单纯的技能教育，而是一个启发智慧的复杂工程。它既需要技法的教育，又需要从美学、艺术社会学、艺术心理学等学科中获取知识与素养。因此，包括美学、艺术创作、艺术欣赏、艺术批评在内的诸多因素，便成为艺术教育的关键。这些关键，也正是20世纪60年代以来出现的综合性艺术教育思潮的核心与精髓。随着这股思潮的日益壮大，艺术教育逐渐发展成为一种综合式的教育，不仅艺术教育本身成为一门多元交叉学科，同时也注重艺术精神向其他学科的渗透。

20世纪90年代末期，我国启动基础教育改革，这股综合艺术教育思潮也随之影响到我国的中小学普通艺术教育和高等院校的教师教育。中小学普通艺术教育在原有《音乐》、《美术》课程的基础上新设《艺术》课程，高等院校的师范性艺术教育在原有音乐教育专业、美术教育专业的基础上新设“综合艺术教育专业”。在此大背景下，有着五十多年艺术教育传统的浙江师范大学杭州幼儿师范学院设立了旨在培养高素质复合型艺术教育人才的综合艺术教育专业。该专业以生态式综合艺术教育思想为理论指导，以发展学生的人文素养与艺术综合能力为目标，下设音乐、美术两个方向，要求学生扎实地学习人文社科知识，系统地掌握音乐、舞蹈、美术等艺术基本理论知识，具备较高的音乐、舞蹈或美术技能以及扎实的艺术教育技能，最终成为能够胜任学前教育、基础教育、特殊教育学校或机构之儿童综合艺术教育的教师和社会工作者。这种教育理念和教育思路，亦即我们前面所谈及的健康的艺术教育。

在多年的办学过程中，幼师学院的领导以及儿童艺术教育系全体教师全力以赴，主动开展教育教学研究，积极通过合理配置师资、深化教学改革、加强教材建设等措施来提高专业的教育质量。即将由浙江大学出版社大力推出的学前教育专业系列教材，便是该院儿童艺术教育系全体教师坚持不懈地进行专业建设的成果。

该系列教材涉及美术、音乐、舞蹈、戏剧等多个艺术门类，以及艺术欣赏、艺术创作等多个当今艺术教育和综合艺术教育的关键因素，较好地体现了艺术教育的健康性、人文性和综合性。整套教材将艺术教育理论与实践紧密结合，较好地凸显了儿童艺术教育的独特性，既适合学前教育专业学生使用，又具有艺术教育专业特色。最后，我衷心希望，该套系列教材的出版，能为艺术教育的宏伟大业添砖加瓦！

滕守尧　南京师范大学教育科学学院特聘教授
博士生导师
中华美学会副会长兼秘书长
北京大学兼职教授

● 序二

为健全人格的塑造奠定基础是早期教育的基本目标，生态式综合艺术教育是实现这一目标的重要途径。它通过美术、音乐、舞蹈、戏剧等多种艺术学科的整合为载体，使儿童充分感受到艺术与生活、艺术与情感、艺术与文化、艺术与科学诸方面的内在关联，以激发学生的审美情趣，提高其审美能力，增强其人文艺术修养，从而培养具有健康生活态度，具有丰富情感体验，并有深刻思想领悟的全面发展的新人。从教学方式看，生态式艺术教育强调师生间的互动与对话，倡导教师创设丰富而开放的艺术课堂，鼓励学生进行广泛而深入的探究性学习。生态式艺术教育超越了单纯的艺术技能训练，在美术、音乐、舞蹈、戏剧、文学等艺术形式存在着的共同的审美要素中，通过知、情、意心理系统的通感、迁移等机制实现真、善、美的和谐人格统一。

正是基于这样的认识，浙江师范大学杭州幼儿师范学院于2005年在国家高等学校本科目录之外，成功申请到艺术教育（儿童综合艺术教育）本科专业。该专业专家论证得到了我国著名美育专家、国家基础教育艺术课程标准首席科学家滕守尧教授的支持，也得到南京师范大学学前教育国家重点学科负责人、著名儿童艺术教育专家屠美如等教授的指导。

本系列教材包括：《素描》、《装饰色彩》、《动物》、《人物》、《国画》、《美术鉴赏》、《手工》、《幼儿园环境创设》、《儿童读物插图艺术》、《幼儿园实用美术》、《基础乐理与视唱》、《钢琴基础》、《声乐基础》、《幼儿园实用音乐》、《儿童歌曲伴奏》、《舞蹈基础》、《民族民间舞》、《幼儿舞蹈训练与幼儿舞蹈创编》、《儿童剧导论》等。教材的编写以生态式综合艺术教育思想为理论指导，以提高学生的人文素养与艺术综合能力为目标，是儿童艺术教育专业的核心教材。本系列教材由浙江师范大学杭州幼儿师范学院学院儿童艺术教育系李全华教授与李成副教授具体组织实施，是学院相关教师团队通力合作的结晶。参加编写系列教材的都是从事普通高校艺术教育多年的教师，既有丰富的课堂教学经验，也有较为深厚的艺术修养。在整个教材编写时，注意到了各个内容的循序渐进，内容选择和编排的专业性、科学性，特别是对于中小学、幼儿园儿童艺术教育实践的适切性要求。本系列教材既适合学前教育专业使用，也适合艺术教育及其他艺术类专业相关课程选择使用。

本系列教材从构思策划开始，一直得到浙江省教育厅高教处、师范处领导的关心和支持，得到浙江师范大学教务处领导的支持，得到杭州幼儿师范学院“十一五”教学改革工程项目的资助，特别是得到著名美育学家滕守尧教授的悉心指导，在此，表示深深的谢意！

由于水平有限，再加上国内还没有系统的儿童艺术教育教材作参照，因此，书中的不足和缺陷在所难免，希望得到专家学者和同仁的批评指正。

秦金亮　教育部幼儿教师教育专家委员会副主任兼秘书长
中国教师教育学会幼儿教师教育委员会理事长
中国学前教育学会学术委员会委员
浙江师范大学杭州幼儿师范学院院长
博士、教授、博士生导师

丛书　主编　李全华
副主编　李　成
美术　编委　李全华　邵玲珠　张益文
梁永峰　吴　怡　陈静黎
李　莉

《国画》主编　李　莉
《国画》编著　李　莉　李全华
汪　瑾　张万琪
版面设计　李　莉

目录

说明

美术教学是学前教育专业中不可或缺的一门学科，美术活动在幼儿园教学环节中具有十分重要的地位。我们根据历年来幼师院校美术教学的实践经验，编写了这套学前教育专业美术教材。本教材密切结合专业培养目标和特点，力求提高学生的艺术素养及审美能力，以强化未来幼儿园教师职前基本技能训练为目标。教材力图在知识上求广、技能上求实、内容上求新、方法上求活，建立符合学前教育专业教学规律的美术教材新体系，具体表现在以下几个方面：

一、力求强化学前教育专业的美术基础课程。

强化的基础课程包括素描（侧重造型因素、结构和空间透视，把解决形的问题放在首要位置）、装饰色彩（装饰色彩的基础知识和基本规律，色彩的表现技法以及配色能力）、人物、动物基础等，培养学生掌握一定的造型能力，为以后的美术应用课程打下良好的基础。

二、加大应用课程的力度。

在掌握一定的造型基本功后，加强更具实用性的应用课程训练，如自配色的能力、画面的构图组合能力、色彩表现技法的运用能力、手工的操作能力,学习粉彩画、纸版画、彩墨画、沥粉画、综合剪贴、纸浮雕等。通过这些训练，使学生能触类旁通、举一反三，从而培养学生的综合运用能力。

三、开设故事挂图创编课程。

学习欣赏、评析儿童读物插图，掌握儿童读物插图特有的造型特点和构图形式。在参考有关资料的基础上，鼓励学生大胆想象，根据特定故事内容进行造型设定和构图组合，完成故事创编。培养学生构思、构图、配色等综合能力。

四、提高学生的审美能力

在每一册中都附有大量的优秀中外美术作品，通过观察、欣赏、感悟，开拓学生的审美视野，增长专业知识，在欣赏中培养学生的视觉感知能力、多角度鉴赏能力、评价表述能力，树立正确的艺术观。既要使学生理解作品的主题思想，又要使学生懂得艺术表现手段的作用。

本教材现共十册：《素描》、《装饰色彩》、《人物》、《动物》、《国画》、《儿童读物插图艺术》、《幼儿园环境创设》、《幼儿园实用美术》、《美术鉴赏》、《手工》。系列教材在内容编排上，由浅入深，有比较大的弹性。本教材既可供三年制中专学生使用，也可供五年制大专和四年制本科学生使用。教师可以因材施教，根据学生的实际水平，选择合适的内容开展教学。

本教材最大的特点是资料性强，教材中选择和收集了大量可作参考的国内外优秀的图片，既开阔了学生的视野，提高了学生的审美能力，也能用于故事创编的参考和幼儿园的墙面布置中。

在本教材编写过程中，书中所选的图片，均是从历年来授课时引用的中外优秀美术作品和学生作品中精选出来的，已注明原作者姓名。由于无法与作者和出版社在出版前一一联系，望原作者谅解，并致以衷心的感谢。

浙江师范大学杭州幼儿师范学院儿童艺术教育系

《荷花立轴》 潘天寿

● 中国画概论

单元学习重点：

1. 中国画的分类与艺术特色。
2. 中国画的历史发展。
3. 中国画工具与材料。

本单元着重要求学生了解中国画的分类，认识中国画的观念、艺术特色与审美取向，以此提高学生对中国画的理解能力和分析能力，从而使学生对中国画有一个全面、正确的认识。同时，了解中国画的简要发展史及中国画特有的作画工具和材料，培养学生对学习祖国传统文化的兴趣和审美经验。

中国画，简称“国画”，是用中国所独有的毛笔、墨和颜料在宣纸或丝绢等载体上，依照长期形成的表现形式及艺术法则而创作的绘画。中国画区别于西方传入的绘画，是中国特有的绘画形式，也是中国传统绘画的主要种类。中国画在思想内容和形式表现上，反映了中华民族的社会意识和审美情趣，集中体现了中华民族对自然科学和社会科学的认识，以及政治、哲学、宗教、道德、文学、艺术等领域的发展。

一、中国画的分类

中国画按其使用的材料和表现方法，可分为工笔、写意两大类，随着时代的发展，又衍生出彩墨；按其题材分，则有人物画、山水画、花鸟画等分类。

工笔画，以生动硬挺的中锋线勾勒事物轮廓，再在此基础上通过填彩、渲染来表现物体的色彩、质感和量感。在色彩的运用上有重彩、淡彩之分。此外，不设色的白描，仅以中锋线条组织、表现物象，既是工笔画的基础，又能独立表现物象，多用于人物画和花鸟画。写意画，用简练的笔墨描绘事物，其注重用墨、用水，更注重表现事物的神韵，强调作者的情感抒发和个性发挥。

人物画，以描绘人物形象为主体，出现较山水画、花鸟画等为早，大体可分为道释画、仕女画、肖像画、风俗画、历史故事画等。山水画，是描写山川自然景色为主体的绘画，传统上按画法风格分为青绿山水、金碧山水、水墨山水、浅绛山水、小青绿山水、没骨山水等。花鸟画，是指以花鸟、鱼虫等为主要描绘对象的画，在中国画中，花鸟画是一个宽泛的概念，除了本意花卉和禽鸟之外，还包括了鱼虫、蔬果和走兽等。

《碧桃图页》 佚名 南宋

《花卉图卷》 徐渭 明

二、中国画的艺术特色

相对西方绘画来说，中国画有着自己鲜明而独特的特征。传统的中国画不讲求焦点透视，不强调自然界对于物体的光色变化，不拘泥于物体外表的肖似，而多强调抒发作者的主观情趣……这些特点都使中国画在分科、构图、用笔、用色等多个方面与西洋画相区别，也因此有了独特的艺术魅力。

1.以形写神

晋代著名人物画家顾恺之提出了“以形写神”，从而确立了中国画艺术独特的美学观。它要求塑造人物形象时，在抓住外部的典型特征的同时，更要表现出内在的精神气质，不停止于外形之模拟，不拘泥于自然之真实。塑造人物形象如此，绘画山水、花鸟亦然。唐朝时期，被誉为“百代画圣”的吴道子，描绘了大量气势恢宏的宗教壁画，其所画的人物形象有“启眸欲语”、“转目视人”的效果，将“以形写神”发展到了空前高度的水平。宋朝的张璪在总结前人绘画经验的基础上，提出“外师造化，中得心源”，对画家精神主体与自然客体之间关系作出准确阐释和高度概括。而“以形写神”恰恰也是学习中国画过程中很关键的基础步骤，首先要处理好形与神的关系，所谓以形写神，即写形是手段，写神是目的。只有学会了“写形”才能准确地把握住“神”，才能进行充分的表现。

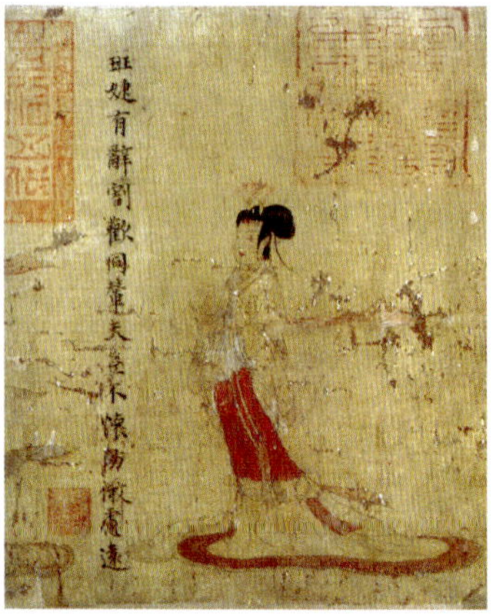

《女史箴图》局部 顾恺之 晋

2.以线造型

线是中国画的最基本的造型手段，也是中国画最突出的特点。中国画用线勾勒和表现轮廓、质感、体积。而线的造型表现是通过线势、线性、笔触、墨韵的变化达到的。以线造型，既易于对客观对象的提炼与概括，又体现出中国画独特的视觉表现力。中国画，尤其是人物画，特别注重线条的表现，在强调用线来塑造物体的轮廓和形象的同时，体现出物体自身所具有的质感、动感和量感。

中国画的线，千变万化，其本身具有独立的美感及抽象性；同时，线条的长短、粗细、疏密、浓淡等的变化，可以引起人们视觉感受上的变化和联想。所以，中国画的线除了可以用来界定对象的造型和形态特征外，也可以表现物象的质感与肌理，例如高古游丝描与铁线描就表现出了截然不同的质感；另外，通过线条组织的疏密关系可以表现明暗关系，通过线的虚实、强弱、浓淡、干湿和走向可以表现物象的空间感；更重要的是，线还可以用来传情达意，表现画家的主观情趣。

3.笔墨意趣

笔墨是中国画以文载道的精神传统，是中国画赖以生存的语言。潘天寿说：“笔墨取于物，发于心；为物之象，心之迹。”笔墨作为中国画之根本，笔法的运用和墨色的驾驭影响着中国画的整个创作进程。

著名国画大师陈子庄曾说：“笔主形，墨主韵，把笔形弄清楚，务使笔形符合物象。墨法在于虚实，有虚实照应就有韵。”“笔”通常指勾、勒、皴、擦、点等笔法；“墨”指烘、染、破、泼、积等墨法。在理论上，中国画强调以笔为主导，主张墨随笔出，通过相互映发来描绘对象，表达情感和意趣。

所谓笔形，谓指毛笔在运动过程中在宣纸上留下的痕迹。画家在作画过程中利用毛笔的中锋、侧锋、逆锋、藏锋、露锋和“顿、挫、驭、蹲、跷、韧、提、按、揭”等不同的手法营造出截然不同的点、线形态，如“高古游丝描”、“行云流水描”、“披麻皴”、“斧劈皴”、“雨点皴”等“十八描”和“二十四皴”，这种过程我们就称之为笔法。黄宾虹先生曾说：“自古以画传世者，代不乏人。笔法、墨法、章法三者为要”，并将笔法总结成“五笔”，即平、圆、留、重、变五法。平如“锥画沙”，圆如“折钗股”，留如“屋漏痕”，重如“高山坠石”，变即方法创新，用笔虽然有法则，但要加以变化，用笔要灵活生动，要在“五笔”的基础上有内涵，有方圆、疏密、刚柔、轻重的变化。

中国画的用墨，主要是运用墨色变化的技巧。由于笔中含水墨量的差异，便产生干、湿、浓、淡的变化。以墨代色，产生了墨分五彩的说法。中国画通过用墨来渲染对象的立体感、明暗关系。

《剩山图》 黄公望 元

4.诗书画印

诗、书、画、印合一是中国画又一大特色，不仅能更好地表达主旨、抒发作者的情感，而且使中国画更具艺术感染力，成为一种独具特色的绘画表现形式。

诗、书、画、印结合，是中国画在发展过程中逐渐形成的。在这个过程中，书与画的结合相对较早。中国画讲“书画同源”，在中国书画史上，画家本人就擅长书法，如沈周、文征明、董其昌、石涛等，都是书画并重的大家。黄宾虹更是在《自题山水》中直接指出了两者的关系：“画法用笔线条之美，纯从金石、书法、铜器、碑碣、造像而来，刚柔得中，笔法起承转合，在乎有劲。”在中国画中以书写款或题字在画面上，与画面形象协调搭配，这就是书画结合。诗与画的结合则是随着书与画的结合而出现的，唐朝的王维可以说是诗画结合的创始者，是“诗中有画，画中有诗”的代表人物。宋朝“文人画”逐渐形成时，诗、书、画、印的大综合也逐渐形成了。印章从功用上来说，大致有随款印，即姓名印、字号印、引首印、布局印，或谓之闲章，多以格言、吉语等为内容，还有压角章与栏边印等。而从单纯的形式上而言，在中国画中起着均衡画面构图，丰富画面效果的功能，起到点睛的作用，它的风格要和画风相一致。总之，一幅优秀的中国画，应该是诗、书、画、印的完美结合，是一个不可分割的统一体。

《容膝斋图轴》 倪瓒 元

5.散点透视

在透视方法的运用上，中国画和西方古典绘画截然不同。西方古典绘画一般是用焦点透视，画面中只有一个视点（即人的视角）和一个消失点，就是严守一个特定的视点去表现景物，近大远小，其特征是符合人的视觉真实，讲究科学性。而中国画在其发展过程中,逐渐形成了具有民族特色的散点透视法则,它体现的是一种独特的视觉、精神空间。所谓散点透视，就是在画面中画家不一定固定在一个立脚点作画，也不受固定视域的局限，画家的视角是随意移动的，因而产生了多个消失点。其最大的优势就是画家可以打破空间的局限，从多个角度描绘客观景物，可以比较充分地表现空间跨度比较大的景物的方方面面。例如北宋张择端的《清明上河图》，它运用散点透视的手法把绵延几十里的汴京城内外的景象展现于五米多长的画卷中，是中国绘画中散点透视运用的杰出代表。

《千里江山图》 王希孟 元

三、中国画的历史发展

中国画历史悠久，源远流长，是中国古代艺术的重要组成部分。最早的中国画以人物画的形式出现在2000多年前的战国时期，是画在丝织品上的绘画——帛画。这些在墓穴中发现的帛画，内容都为墓主人生前的生活场景及死后升天的情景。其中，湖南长沙楚墓帛画《龙凤人物图》是我国现发现最早的一幅帛画。这些早期绘画以墨线勾画为主，线条流畅且富有节奏变化，奠定了中国画以线为主要造型手段的基础。

两汉和魏晋南北朝时期，由于连年的战乱与迁徙，南北各民族文化得到交流和沟通。这一时期的绘画题材开始趋于表现世俗生活。另外，随着佛教和外来文化的兴起和发展，出现了大量风貌独特的佛教题材画。魏晋时期的人物画家顾恺之线条流畅的人物画作品和“以形写神”的绘画主张，对后来的中国画发展产生了深远的影响。魏晋时期也是中国山水画的孕育时期，这一时期的山水多以背景的形式出现在人物画中。直至隋朝，山水画才作为独立的画科出现。其中，展子虔、李思训等人开创并发展了青绿山水，确立了青绿山水在中国画史上的地位。

隋唐时期社会经济、文化高度繁荣，绘画也随之呈现出全面繁荣的局面，是中国画史上一个重要的发展时期。初唐的书画则承袭了六朝以来的余风，以佛、道及人物为主，且崇尚法度。到了盛唐，中国画开创了一个新纪元，绘画题材空前广泛，名家辈出，风格各异。人物画进入鼎盛时期，以表现历史事件和宫廷生活为主，并出现了极具时代特征的人物造型，无论是佛教人物画还是宫廷仕女画都发展到了最高峰。尤其是唐朝仕女画，人物造型体态丰腴，雍容端庄，线条工细遒劲，设色富丽，其代表人物是张萱和周昉。花鸟画在唐朝成为独立的画科，出现了许多著名的走兽画家，如韩幹、韩滉、韦偃等，他们重视观察写生，创作了一幅幅栩栩如生的作品。

《簪花仕女图》局部 周昉 唐

《天王送子图》 吴道子 唐

五代是中国画史上的一个重要转折时期。五代绘画继承了唐朝的传统，并为两宋的繁荣发展奠定了基础。山水画在五代得到了迅速的发展与演变，并逐渐成熟，尤其是以荆浩和关仝为代表的北方画派和以董源、巨然为代表的南方画派，风格各异、技法有别，共创了中国山水画的繁荣。同时，花鸟画也进入繁荣时期。“黄家富贵，徐熙野逸”，黄筌的花鸟画取材于宫廷的奇花异草、珍禽异兽，设色浓艳工丽；而徐熙的作品以水墨为主，略兼色彩，画风朴素自然。

北宋之初，就在宫廷中设立了“翰林书画院”，它对宋代绘画的发展起到了一定的推动作用，也培养和教育了大批的绘画人才。两宋的绘画题材宽泛，人物画已转入描绘世俗生活，山水画、花鸟画跃居画坛主流。北宋，以董源、李成、范宽为代表的北方山水画家，用写实的笔法表现了壮阔山川，留有不少佳作；南宋则有李唐、刘松年、马远、夏圭并称“南宋四家”。花鸟画方面，北宋初期延续了五代画风，工笔重彩，富丽华贵；北宋中期后，以崔白为代表的新画派开创了野情逸趣的新境界。北宋末年张择端的《清明上河图》描绘了都城汴京的盛况，是举世闻名的风俗画巨作。

到了元代，文人画兴起。文人画重视笔墨趣味，重视情感的发挥，诗、书、画、印相结合，是中国画史上的又一次创造性的发展。而文人画的出现及其在后世的发展，极大地丰富了中国画的创作观念和表现方法。明代早期以元代遗风、宫廷院体为主，鲜有创新；中期，以沈周为代表的“吴门画派”，讲求文雅淡逸，开创了写意花鸟，对后世有深远影响；晚期，各画派纷繁，风格各异，人物肖像画尤其风格独特。清代时期，文人画占据主流，水墨写意画盛行。相继有“四王吴恽”、“清初四僧”、“金陵八家”、“扬州八怪”等，流派纷呈。

《桃柳八哥》 任伯年 清

《柯石双禽图轴》 八大山人 清

19世纪末以后中国画引入西方美术的表现形式与艺术观念，在继承民族绘画传统的文化环境中出现了流派纷呈、名家辈出、不断改革创新的局面。清末民初，形成了新兴的“海上画派”，作品以写意花卉为主，设色大胆艳丽，画面活泼，主要代表人物有赵之谦、任颐、吴昌硕等。

20世纪初，广东出现了“岭南画派”，注重写生，在保持传统中国画的笔墨特色的同时，糅合了西方绘画的技法，融汇了中西绘画之长，画面富有时代精神和地方特色。在继承传统方面，黄宾虹、齐白石、潘天寿、张大千等在坚守传统笔墨的基础上，开拓了个性化的形式，是借古开今的代表人物。20世纪30年代后，以徐悲鸿、林风眠、刘海粟为代表的留洋画家，主张“写实改良中国画”，力主引进西方绘画观念与技法，与中国传统绘画加以融合或协调，振兴中国绘画。他们的绘画形式和艺术主张，标志着中国画新时代的开始。

《汉阳归舟》 黄宾虹

《情结》 吴冠中

《秋色》 齐白石

四、中国画工具与材料

1.笔

中国画的笔通常分为软毫、硬毫、兼毫三大类。而每类笔又可视笔毛的长短分为长锋、短锋两种。软毫笔主要用羊毫制成，也有用鸟类羽毛制作的，笔性软，吸水量大，适合点花叶，晕水染色。硬毫笔主要用狼毫制作，也有用貂、鼠的毛或猪鬃制作，笔性硬，富有弹性，利于勾勒，或画树干山石，有叶筋、点梅、大兰竹等。兼毫是用羊毫与狼毫相配，笔性软硬相济，弹性适中，如大、中、小号白云笔，可用于画花点叶，或题款写字。“尖、圆、齐、健”是选择毛笔的四个外形条件。至于选择哪种笔，要根据具体的作画需要，以及纸或绢的性能而定。刚开始使用新笔的时候，宜用温水浸开；笔用完后，必须洗净挤干，将笔毛理顺，再收好，以延长笔的寿命。笔保存的时候，除了挂着，也可以用笔帘收藏。笔帘是用细竹丝编成的小帘子，把笔卷在笔帘里，方便携带，也便于存放，能起到良好的保护作用。

2.墨

中国画用的墨，一般制成墨锭磨用，可分为油烟和松烟两大类。油烟质地细腻，色泽乌亮；松烟则黝黑无光。一般作画多用油烟。现在为了方便，多用书画墨汁代替墨锭。

3.纸和绢

中国画用的纸种类很多，一般选用宣纸。宣纸大致可以分为生宣和熟宣两种。生宣，未上胶矾，吸水性极强，落墨、着色容易渗化，画出来的墨色浓淡参差，富有变化，适合作写意画。许多笔墨技法就是依靠生宣的这种特性得以体现的。使用时，应注意笔中所含的水分和运笔的速度。水分过多，或运笔过慢，都容易漫渗开来。生宣上过胶矾后，叫做熟宣。其特性是不吸水，不会渗化，适宜作工笔画。

绢是一种丝织品，在元代以前，中国画多用绢来作画。现在也有各种绢，有生绢、熟绢之分，但一般都用上过胶矾的熟绢，其性质与熟宣类似，适合作工笔画。

4.砚

砚是研墨和盛墨的器具，以质地细腻为好。现在市场上现成的书画墨汁，使用也十分方便。

5.调色碟、笔洗

调色碟是调墨、调色用的，是一种纯白的瓷性或塑料碟。笔洗即盛水洗笔的容器，也可以用较浅的水碗、小瓷盆等代替。

6.毡垫

中国画由于用水较多，水墨容易透过纸面与桌面粘住，一般用不吸水的毡垫铺垫，初学者也可以用报纸代替。

7.中国画颜料

中国画颜料可分为石色和水色两大类。石色是由天然矿物质制成的，质地厚实，不透明，覆盖力较好，有赭石、朱砂、朱磦、石青（可分为头青、二青、三青）、石绿（可分为头绿、二绿、三绿）、白粉等。水色，是天然植物质颜料，质地轻薄，透明度高，有藤黄、胭脂、花青、曙红等。

● 工笔花鸟画

单元学习重点：

1. 工笔花鸟画的基础用笔。
2. 白描花卉。
3. 工笔淡彩的表现技法。

本单元是花鸟画学习的基础阶段，也是入门阶段。通过学习，使学生对工笔花鸟画有一个全面、正确的认识，初步掌握工笔花鸟画用线的特性和基本的着色方法。通过实践理解工笔花鸟画的主要特点和审美取向。

工笔即是以精谨、细腻的笔法描绘景物的中国画表现形式，其特点是工整细腻，描绘形象精细入微，一丝不苟，敷色也层层渲染，显得浑厚浓重、秀逸典雅。

工笔花鸟画有着悠久的历史。唐代张彦远在《历代名画记》里记载：东晋、南朝宋时在绢帛上的花鸟画已逐步形成独立的画科。到了唐代，花鸟画已经成熟，出现了以工笔勾填和以墨代色、墨分五彩的画风。在五代两宋时期，花鸟画达到了高峰，逐步形成了一种典雅、精细、重诗意的画风。

现代工笔花鸟画在继承传统的基础上，又融入了西方现代绘画的形式、色彩等元素，追求具有现代感的审美观念和表现形式的多样化，使工笔花鸟画的题材内容和形式风格不断创新和发展，产生了巨大的变化。

工笔花鸟画的题材范围较广，是以自然界中的花卉、禽鸟、鱼虫、蔬果、竹石以及走兽等为主要素材。在表现形式上有白描、工笔淡彩、工笔重彩、没骨、兼工带写等。工笔花鸟画经过画家对大自然美的筛选，表现了自然界中的花草虫鸟，并以其多彩的风姿、秀逸典雅的画风，深受人们的喜爱，美化着人们的生活。

《写生珍禽图》 黄筌 五代

《写生珍禽图》是五代画家黄筌给其儿子作临摹的范本。这虽是一幅写生画稿，却画得形象生动、栩栩如生、富有情趣。画面上有蜡嘴、鹡鸰、鸠、麻雀等十只鸟，两只龟，还有蚱蜢、蜜蜂、蝉、牵牛等昆虫。画家用墨线细勾，略加淡彩，严谨工整，具有极强的质感。

一、工笔花鸟画的基础用笔

1. 执笔姿势

中国画的执笔方法是以拇指在内，食指和中指在外拿住笔管，无名指和小指抵住笔管起助力作用。握笔要做到五指齐力，指实掌虚。“指实”是指手指执笔要结实有力，“掌虚”是指在执笔时，掌心要虚，掌心似有一个鸡蛋大小的空间。

小范围运笔主要是指和腕的配合运动，而大一些的运笔就要牵制到手臂与全身。

2. 用笔

工笔花鸟画是以墨线来塑造形象，自然对线条有严格的要求。要运用用笔的顿挫提按、轻重缓急和干湿浓淡的墨色变化来表现婀娜多姿的花草虫鸟。主要用笔有：

⑴ 中锋用笔

笔杆与纸面基本垂直，行笔时笔锋运行于墨迹之中，从上往下或从左往右的运笔叫中锋用笔。中锋用笔，笔圆而锋藏自然，处处含蓄、圆润浑厚，墨线两边光洁，是水墨画最基本的一种用笔方法。

⑵ 侧锋用笔

用笔时，笔杆倾侧于纸面，笔尖处于笔画一侧，使笔迹产生一边光洁、一边变化的笔触。侧锋用笔，笔迹粗细不匀、灵活且多变化，是皴擦树干、山石等表面粗糙的形象常用的用笔方法。

⑶ 逆锋用笔

笔杆向外，笔头向里，逆势走去，即为逆锋。由于笔锋在行笔中受到纸的阻力，能产生厚重、古拙之态。逆锋用笔一般行笔较缓慢。

《美人蕉》 赵志光

《仙客来》 赵志光

(4) 顺锋用笔

即顺手方向行笔，自左到右自下而上，与逆锋完全相反。

用笔方法还包括藏锋、露锋、回锋等。“一波三折”、“无往不复、无垂不缩”的用笔方法，就是要求我们在用笔时注意起笔藏锋，收笔回锋，运笔要稳，同时运用中锋与侧锋、顺锋与逆锋的交错使用，以及顿挫、提按、转折、粗细、刚柔、虚实等用笔的变化，以及干湿、浓淡等墨色变化，以达到形式美的需要。

《紫藤花》 姜毅然

二、白描

白描就是纯粹用线来勾勒物象轮廓及其细部，整个画面纯用墨色而不加设色，有的部分稍加淡墨渲染，它是中国画特有的素描表现形式。同时，它也是一种中国画的基本训练形式，对于造型能力的培养是一个必不可少的过程。

线描是中国民族绘画的主要造型手段，是构成中国画民族风格的一个要素。白描就是运用线的轻重、浓淡、粗细、方圆、长短、干湿、转折、顿挫、虚实、刚柔、疾徐等不同的笔法所形成的不同的节奏和韵律，来表现物象的体积、形态、质感、量感、运动感、空间感和神韵。用线的变化，要与造型的形式美紧密结合，通过用笔的多样变化产生丰富的视觉效果。线条有的挺直，有的刚健，有的流畅，有的稚拙……从而获得截然不同的视觉感受。

临摹白描花卉，一定要仔细分析范本，了解和学习画家用笔的来龙去脉，勾勒的顿挫、转折、粗细、刚柔、虚实等变化，以及用墨的干湿、浓淡，做到胸有成竹。

用笔的顺序一般是从上到下、从左往右。勾线时要先分析花卉的前后层次关系，先勾上层的花和叶，再勾第二层，以此类推。

1.花、叶的结构与形态

花卉的品种繁多、千姿百态。花一般由花瓣、花蕊、花萼、花托、花梗几个部分组成。花瓣有单瓣、复瓣（又称重瓣）两种，花瓣的外形有长、短、尖、圆等。花的外形结构也各不相同，扁平形：如梅花、梨花、瓜叶菊等；圆球形或半球形：如牡丹、大理菊、月季、茶花等；圆锥形：如牵牛花、杜鹃等；以及不规则形等等。花蕊有雄蕊、雌蕊之分，雄蕊上有花粉，从花心中突出的是雌蕊。

叶子的变化也很多，有对生的石榴花、栀子花等，轮生的夹竹桃，互生的牡丹、茶花等，在外形上有长、短、尖、圆、分枝、针等不同。

2.用笔用墨的变化

由于白描是用笔、墨的变化来表现形象的形态和质感。所以，在线条的勾勒时要用墨色的浓淡、轻重、干湿来体现线条的质感和量感。花瓣的质地薄，在作画时，用淡墨描绘花瓣，花瓣的厚薄不同，用线的粗细也应有所不同；叶子、茎质地比花厚些，所以用浓墨和粗线描绘叶、茎等。边缘光洁挺直的叶子用线要圆、挺；边缘有齿的叶子要用顿挫的线条，用以表现叶子的质感。叶子要从根部勾起，线条要由粗逐渐变细，直到叶尖。勾叶脉也有同样的粗细变化。枝干和藤的质感比较粗糙，勾皴多用中锋与侧锋相结合，用笔要干枯一些，以表现枝干的质感。

白描以线造型，通过线的转折、穿插来塑造形体的结构和透视变化。要搞清叶子透视变化的来龙去脉，正确地表现叶子的形体结构。

在表现叶子的前后空间关系时，前面的叶子勾勒的线条重些，后面叶子线的勾勒就可以略淡些，以此来表现前后空间的虚实变化。

《大理花》 姜毅然

《牵牛花》 姜毅然

《梨花》 姜毅然

《百日草》 叶玉昶

《凌霄》 叶玉昶

《牡丹》 赵志光

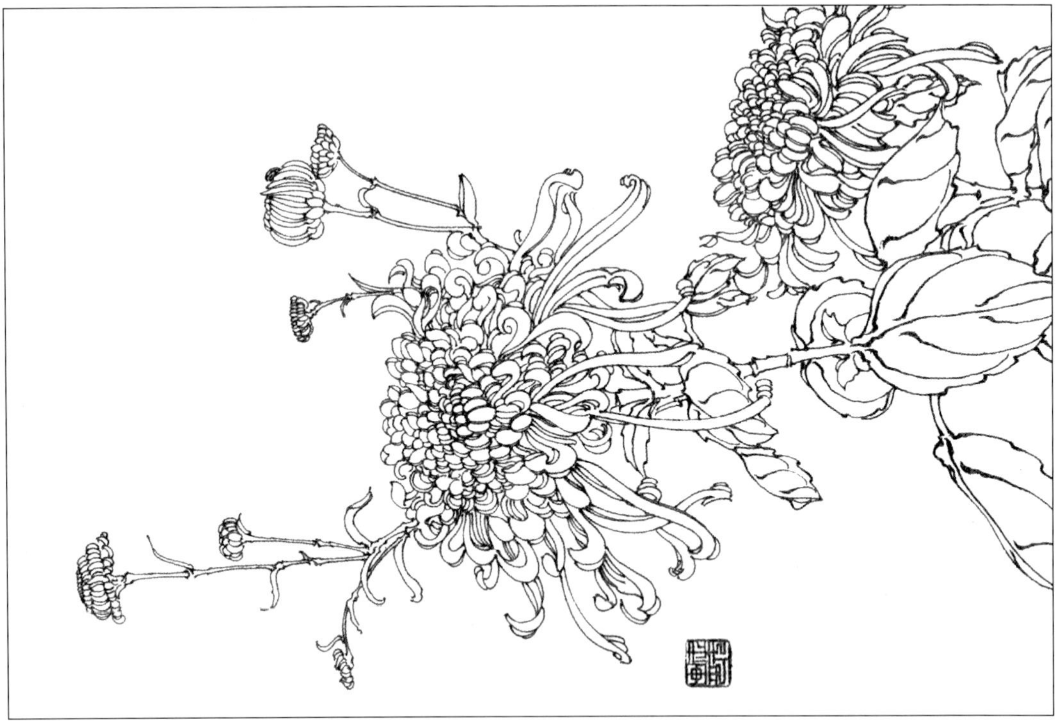

《菊花》 赵志光

《山里红花》赵志光

《杜鹃花》赵志光

《蜀葵花》赵志光

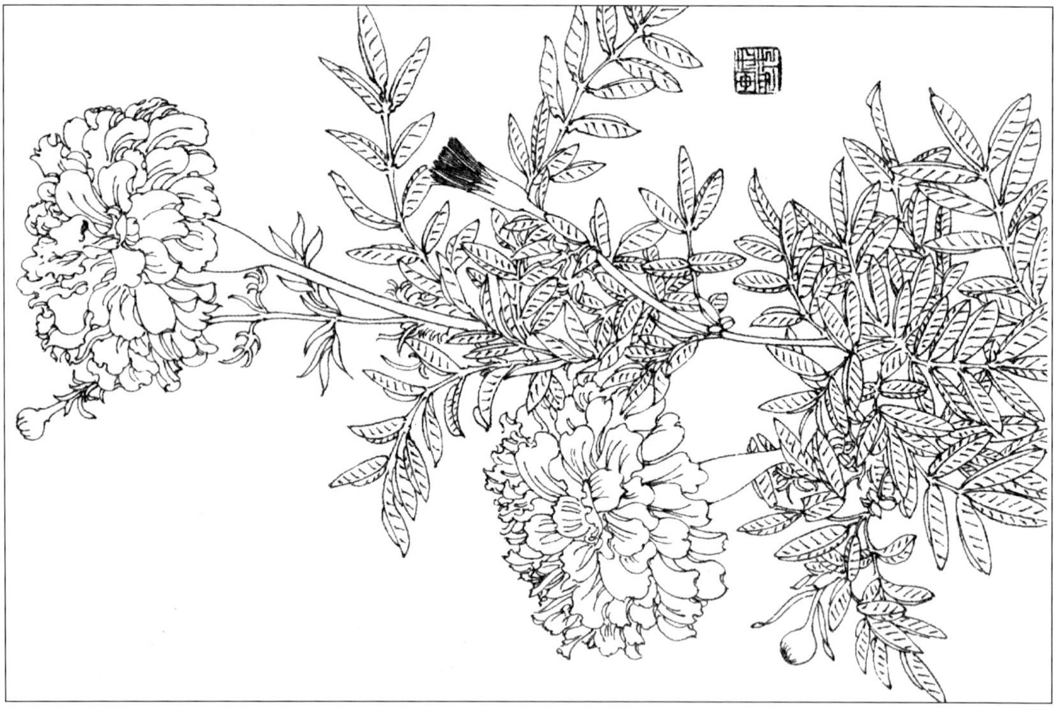

《万寿花》赵志光

《芍药》赵志光

《四季海棠》赵志光

《木芙蓉》 赵志光

《木芙蓉》 赵志光

《山茶花》 赵志光

《牵牛花》 赵志光

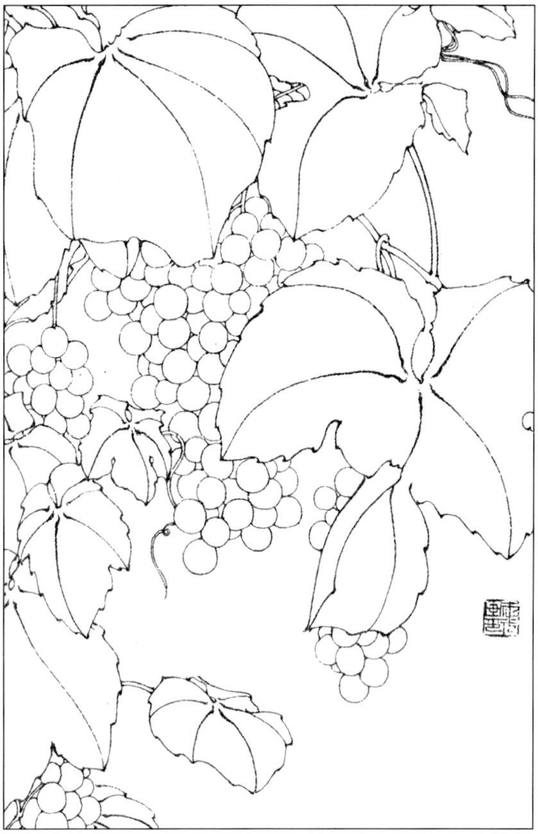

《葡萄》 赵志光

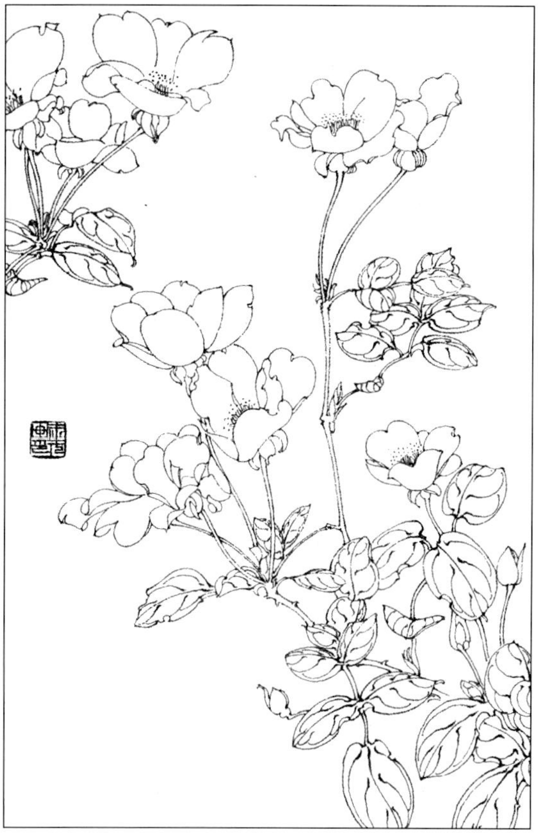

《蔷薇花》 赵志光

《柠檬花》 赵志光

《月季花》 赵志光

三、工笔淡彩

工笔淡彩是工笔花鸟画中配彩法的一种。即在白描的基础上，用淡薄的色彩稍作渲染。工笔淡彩要做到色不碍墨、墨不离色，既能融合一体，又能显示墨的韵味。它的基本特征是色调秀丽淡雅、清新明快、比较强调线条本身的艺术魅力，给人以清水出芙蓉、天然去雕饰的艺术品位。在作画中还可以根据画面的需要，结合重彩画法共同使用，描绘出或清雅、或绚丽的精彩画面。

在工笔淡彩的表现技法中赋色是一个重要的方面。以色笔赋色，以水笔渲染，即一支笔蘸水，一支笔蘸色。蘸色的笔稍小一些(如中、小白云)，蘸水的笔大些(大白云)，一般羊毫笔也能使用。

握笔姿势（即双管齐下）：先将两支笔平行握齐，中指从色笔后抽出来向上，以拇指、食指、中指握住笔着染颜色，与食指一起将色笔按压下来。

（一）赋色表现技法

1．渲染法

先上色，然后马上用水笔晕染，使颜色产生由深到浅的变化，要染得均匀、细腻。待干后再染第二遍，每次渲染的颜色都要淡，多次染成，切忌一次染重色彩，这种技法叫分染。染色一定要根据物体的结构，表现出凹凸变化和明暗层次。

2．平涂法、罩染

平涂法要求颜料要调匀，厚薄适当，笔法要用力匀称，不要来回涂抹，这样干后自然平整。罩染即是用平涂的方法罩在原来渲染的底色上，罩染的颜色要透明，以免盖住原有的底色。

3．烘晕法

烘晕法与渲染法不同，染是一笔蘸水、一笔渲染来塑造形象。烘晕法则是用颜色来衬托物象的一种方法。如白花在白底上很难显现出来，可以用淡墨或微青在花后烘晕，使其更加突出。也可用烘晕法的方法调整背景来加强气氛。

4．冲水、冲色法

在染色后趁色未干时用白粉或水冲入原底色，使其自然渗透，其长处在于生动变化，有意想不到的效果。

《双鹦图》 周彦生

（二）花卉的着色方法

花可分淡色花和深色花，在渲染时略有不同。

1．淡色花渲染法

⑴ 在勾好线的花头上薄薄地平涂一层白粉打底，要留出墨线，同时，白粉一定要稀，以对墨线没有影响为准。

⑵ 用淡曙红加大红分染花瓣，从花瓣的根部向尖部分染，可多染几遍。花瓣正面颜色深反面淡。

⑶ 用白粉从花瓣尖部向根部分染。

⑷ 点花蕊。

2．深色花渲染法

⑴ 花头用花青分染打底，花瓣正面深反面浅，干后用极淡的白粉分染花瓣背后的尖端。

⑵ 用胭脂加曙红在已打花青底的花头上分染，花瓣正面可多染几遍，背面少染几遍，染出层次。

⑶ 用藤黄加白粉点花蕊。

3．叶的渲染法

⑴ 叶面用淡墨分染打底，从叶的基部着手。

⑵ 叶面用花青分染，叶背面用草绿平涂，梗用赭绿罩染。

⑶ 用草绿罩染叶面，三绿提染叶背面和嫩梗，

渲染时要注意：颜色要调稀、调匀，笔上不要蘸色太多。水笔所含水分稍多一些，颜色画上去马上用水笔渲染，由重到淡，不留笔痕。切记不要在半干不干时去修改，这样只会更加不匀。笔的干、湿要适中，太干晕染不开；太湿，颜色在纸面上汪着，干后不匀。每次染的颜色要薄，干后再染。多次染成的重颜色显得厚重、细腻，一次用重色染出的会显得太滞太腻。

以上是最基本的着色方法，在临摹时还要根据临本灵活运用。

步骤一

步骤二

步骤三

（三）鸟的着色方法

1.起稿、勾线和勾画羽毛

用铅笔在熟宣或绢上轻轻地打上轮廓。用浓、淡墨色勾画鸟的形象和羽毛，用笔要灵活松动，鸟背部和额颈部的羽毛要一组一组地画。

2.染墨色

先用淡墨分染头、颈部和腹部的羽毛，渲染墨色要匀称，并注意浓淡的变化。再用浓墨分染额颈部、翅膀的羽尖和尾羽的羽毛，染墨要透。

3.着色

此画色彩单纯，把鸟的黑色羽毛染透后，稍稍罩染一点赭石（略加藤黄）即可，随后用白色勾画颈部的羽毛。

步骤一

步骤二

步骤三

《樱花蓝雀》 陈之佛

《白牡丹》 车来通

《月朦胧》 曹小民

《小艳疏鲜最娇软》 江枫

《一园淡泊》 江枫

《荷香七月》 莫晓松

《花卉螳螂》 莫晓松

《晨曦》局部 陈少珊

《峡谷清音》 朱方炎

《香飞蝶舞》 陶云峰

《艳色繁香》 陶云峰

《和风》 庚会永

《玉树临风》 于非闇

《风吹春意香》 莫晓松

《荷塘清趣》局部 俞致贞 刘力上

《花间小憩》 王勇胜

《鸟啼树发春几许》 王勇胜

《陶园旧事》局部 邹传安

《春酣》徐家昌

《秋荷白鹭》 陈之佛

《玉兰鹦鹉》 陈之佛

《初夏之晨》 陈之佛

《丛竹群雀》 陈之佛

《牡丹白头》 俞致贞 刘力上

《银星海棠》 俞致贞 刘力上

《比翼》周彦生

《芙蓉蛱蝶》俞致贞

《牵牛花》俞致贞

● 写意花鸟画

单元学习重点：

1．写意花鸟画的用笔、用墨。

2．写意花鸟画的基本画法。

中国画在章法、用笔、用墨、设色等方面都有自己的特色。通过本单元的学习，使学生对写意花鸟画有一定的了解，初步掌握并能运用写意花鸟画的基本表现技法，理解笔墨表现的内在规律，提高学生对祖国传统文化的学习兴趣，为开展幼儿水墨画奠定基础。

写意花鸟画是我国传统绘画的一个有机组成部分，具有独特的艺术特色。写意画多画在生宣纸上，用简练、奔放、洒脱的笔墨描绘物象的形神，抒发作者的感情，具有极高的艺术表现力。写意画不拘形似，主张神似，明代徐渭曾说“不求形似求生韵”，就是指追求气韵生动的艺术效果。写意画注重对用笔和用墨的巧妙结合，使之相互映衬，特别是其融诗、书、画、印为一体的艺术形式，使中国画达到了完美的境界。

一、写意花鸟画的用笔、用墨

笔墨是中国画的造型手段，是写意画的重要技法。学习写意花鸟，首先要知道如何用笔、用墨，掌握笔墨技巧。

1．用笔

用笔是中国画造型的重要部分，中国画的用笔有：中锋、侧锋、藏锋、露锋、顺锋、逆锋、回锋等（详见工笔花鸟画的基础用笔）。

要学会用笔表现出各种笔墨效果。在笔锋的用笔变化上有：中锋与侧锋、藏锋与露锋、顺锋与逆锋、转与折；在用笔的力度上有轻与重、提与按、顿与挫的变化；在用笔的速度上有快与慢的变化。

所以在行笔时，起笔止笔要有力，手腕宜挺，中间气不可断，住笔不可轻挑。用笔时力轻则浮，力重则钝，疾运则滑，徐运则滞，偏用则薄，正用则板。

2．用墨

在写意花卉中，墨色的变化是相当重要的，用墨之妙，在于浓淡相生。必须有浓有淡，浓处须精彩而不滞，淡处须灵秀而不晦。中国古代画论中就提出了“墨分五色”，就是指中国画用墨的变化，即焦、浓、重、淡、清，用以表现形象的明暗变化。实际上用墨是相当微妙的，远不止这五色。

焦：墨汁或研浓的墨放在盘中，经过风干，剩下的一点很浓很黏的墨。

浓：原墨汁或用墨锭研浓的墨。

重：浓墨加水调和，呈深灰色。

淡：墨加水调和，呈浅灰色。

清：淡墨再加水，调成极浅的灰色。

墨色的变化，不但有浓淡之别，还有干湿之分，含墨含水多叫湿笔，含墨含水少叫干笔。从笔的含墨来讲要有浓有淡，同样，从墨的含水量来讲要有干有湿。如浓墨中有干与湿之分，湿墨中也有干与湿之分，这样，干湿浓淡交错运用，形成了变化无穷的墨韵变化。

用墨之法要学会在笔上做变化，一般在笔中先蘸淡墨，临画时在笔尖或笔的一侧蘸上浓墨，下笔时浓淡墨自然渗透，即形成丰富的墨色变化。

积墨法

即水墨层层相积的方法。先用淡墨打底子，干后再加画第二遍墨，一遍干后再加一遍，前后并不完全相重叠，使其层次分明又结合自然，能使墨色既富变化又有厚重感。

泼墨法

即用大笔蘸大量的墨，以较快的速度运行于纸上，是一种痛快淋漓的用墨方法。与积墨的多层墨色相积的不同，泼墨只是一层墨色。在墨色运用上要有浓淡的变化，始能呈现浑然天成的奇异效果。

破墨法

破墨法就是趁已有的底墨未干时，再以浓墨、淡墨、清水作局部复加，使前后不同墨色相互融接、渗化，形成一种复杂且丰富的墨色效果，这是写意画中最常用的墨法。破墨必须在墨色未干或半干半湿时破之，全干后就无法再破。运用破墨法时，必须控制好水分的多少，也可以用颜色破之。

破墨法基本上有：浓破淡、淡破浓、干破湿、湿破干、水破淡五种。

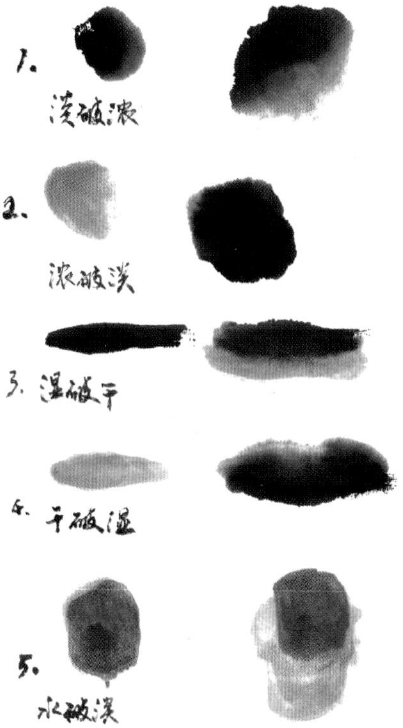

渗化法

用满含水分和墨汁的笔头点画，使笔痕周围出现渗出或化开的淡色水迹，给人以墨色肥厚和毛茸茸的感觉。

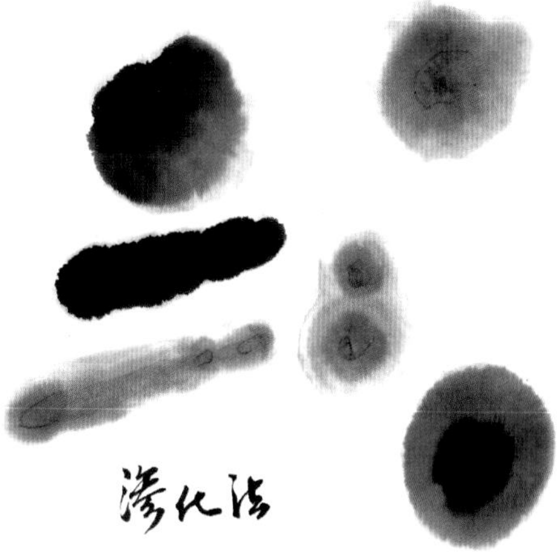

二、写意花鸟画的基本画法

1. 笔法

勾

也叫勾勒或线描，以勾勒形象的轮廓为主，花鸟画中的花、叶、枝干、山石等往往用勾法来表现。

皴擦

皴是表现物体表面粗糙不平的一种技法，是以点线为基础来表现山石树干的脉络纹路和凹凸相背。皴法的变化很多，有披麻皴、斧劈皴、雨点皴等，在作画时要根据客观现实加以运用。擦，往往与皴混用，是皴的补充，皴与擦有时是很难分辨的，区别是皴笔触明显，而擦是不见笔的。

点

点原是山水画中重要技法之一。在花鸟画中直接用有浓淡变化的墨或颜色点花瓣，花鸟画中的点叶与山石上的点苔都用此法。

勾染

根据不同对象运用相适应的墨色或颜色勾线，待线条干后再以层染或接染方法来接色。

2. 月季花的画法步骤

(1) 以狼毫长锋笔蘸取少量墨汁，调取较多清水成淡墨后，用线勾勒花头。注意花头在画幅中的位置和疏密，勾勒花蕾时亦应注意在整幅画中的构图和对花头的呼应。

(2) 换取短锋羊毫笔，用大笔头先蘸取花青调合藤黄成汁绿，来画花托和花叶。画花托时可在笔尖蘸取少量淡红，以表现嫩叶。在画花叶时，可蘸取一定的墨色，以表现花叶的繁茂。同时，要注意月季花特有的花叶结构，并自然地使其显现正反倾侧为好。

(3) 用稍浓且较干的墨色斜上插画枝干，此干一出，不仅连接了枝叶花头，且基本决定了画面构图，因此画时要仔细推敲，又要大胆用笔。接着画出枝干上月季花特有的小刺，并在叶片半干半湿之时勾上叶筋。勾筋的时机掌握很重要，太湿勾的筋会渗化，不成筋状。太干筋不入叶片，干燥生硬。

步骤一　　步骤二　　步骤三

⑷ 用饱含水分的大羊毫饱蘸藤黄，再在笔尖上略蘸一点鹅黄，略微调合，即以花瓣结构，给花头上色。花头用色必须饱满，万勿枯涩，方显花卉开放时的晶莹生气。

3．鸟的画法步骤

⑴用短锋羊毫笔调取少量汁绿，再蘸取少量淡墨画出小鸟的身子和头部的基本形。并随手画出飞行翅膀的上部。画两只飞鸟要注意两者的色彩明度变化，或加点墨或加点水，均无不可。且两鸟的飞行姿势要有变化。

⑵用浓墨点眼睛和喙，以淡墨勾勒肚子。画眼睛要注意两鸟的不同姿态和相互顾盼的关系，不能画成一个模样，致使画面呆板。

⑶用略干且浓的笔色来画前面这只小鸟的翅膀，用笔要松动，切忌涂抹多次修改，以表现小鸟飞行时的灵动感。接着添画尾部。根据飞行姿势，在画上可能看到的紧贴在肚腹下的双爪。

⑷再画第二只鸟的翅膀时，千万注意不同的飞行姿态。尾部的用笔可略为夸张，以期增加画面的动感。趁湿在小鸟头部及身子点上几点残墨以强调小麻雀的特征。

步骤一

步骤二

步骤三

写意花鸟画可用单纯的水墨作画，亦可用色彩去画，还可用墨、彩兼用。写意花鸟画中用的绿色，多用藤黄加花青调合，称为汁绿，不要用现成的石绿（头绿、二绿、三绿等），因为石绿是矿物质颜料，不透明、易沉滞。在画叶子时，可在汁绿中调入少量的墨色，使叶子的绿色更加丰富由变化。

当含有水墨的毛笔在宣纸上接触的一瞬间，它的变化是多种多样且又出人意料的。在画画中要注意如何来控制并掌握这些变化，不断总结经验，最后才能达到熟练地掌握、应付自如。

学习写意花鸟画一般从临摹入手。中国画要求“形神兼备”，强调神韵，在临摹之前一定熟读原作，要仔细分析范本上各种花卉的形态特征，对画家的用笔用墨变化作仔细分析，领会原作的精神，画时才能做到胸有成竹，从容挥写。范本放在边上，不过是对自己记忆的补充而已，切不可看一笔画一笔。

对用笔用墨的变化，要做到以下几点：

一要“大胆”，下笔要大胆、肯定、干净利落，不能犹豫不决。二要“有变幻”，就是墨色有浓淡变化之外，水分要干湿相当，湿多于干，看上去滋润新鲜、变幻莫测。三要“鲜”，画前笔要洗干净，使墨色自然鲜洁。

《芙蓉》 来楚生

《桂花鹩哥》 来楚生

《山茶花》 齐白石

《牵牛花》 齐白石

《牡丹》 齐白石

《明珠可掬》 齐白石

《葫芦图轴》 吴昌硕

《花卉》 吴茀之

《花卉册页》 齐白石

《丝瓜蟋蟀》 齐白石

《青蛙》 齐白石

《双蟹》 齐白石

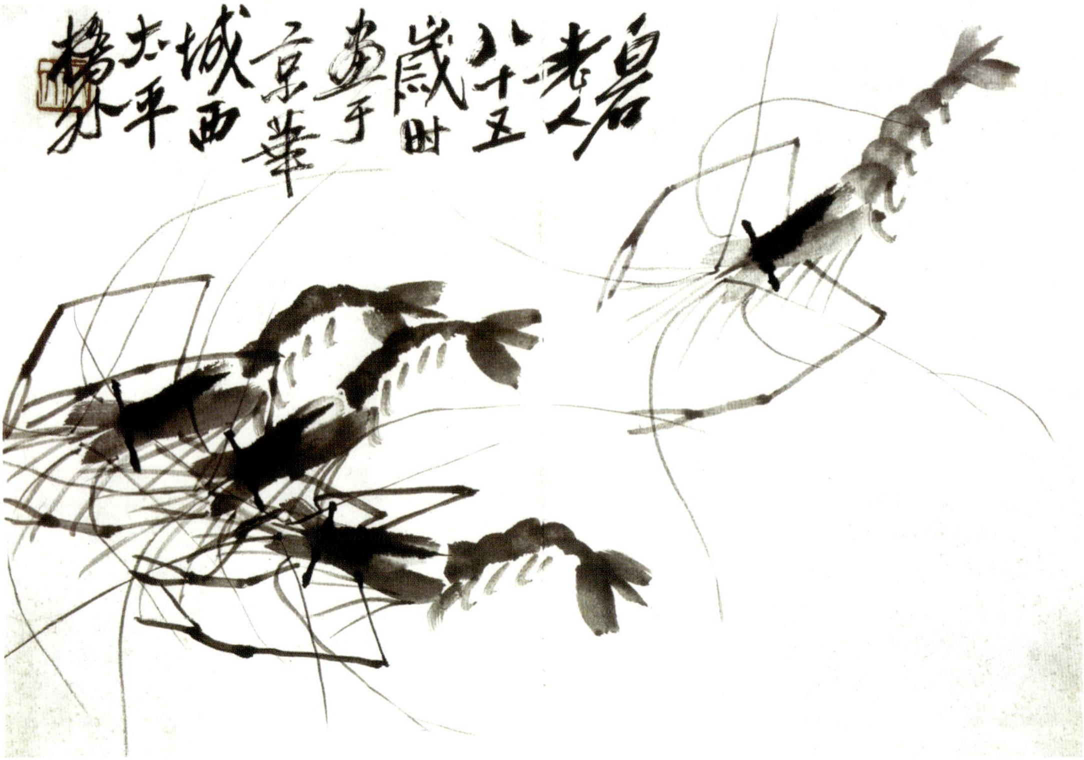

《虾》 齐白石

《小鸡》 齐白石

《枇杷》 齐白石

《鸡冠花》 孙其峰

《一串红》 汪瑾

《蔬菜》 汪瑾

《红梅》 齐白石

《花卉》 张世简

《蜡嘴》 孙其峰

《傲霜》 汪瑾

《玉立》 汪瑾

《映日》 张世简

《秋色斑斓》 汪瑾

《荷花》 齐白石

《芙蓉花》 汪瑾

《花脸鸭》 来楚生

《鱼》 汪瑾

《小鸡》 张世简

《春到枝头》 张万琪

《南瓜》 汪瑾

《葫芦》 汪瑾

《夏》 汪瑾

《牡丹》 汪瑾

《一品红》 张渊

《金鱼》 张万琪

《幽兰》 汪瑾

《报春》 张万琪

《春雨》 张万琪

《桃花》 张世简

《夏艳》 汪瑾

《春燕》汪瑾

《紫藤》汪瑾

《桐鸟》孙其峰

《秋艳》孙其峰

《叫喳喳》 萧朗

《春水满池》 张万琪

《蕉下八哥》 孙其峰

《秋艳》 张万琪

● 彩墨画

单元学习重点:

1. 彩墨画的表现风格。
2. 彩墨画的基本画法。
3. 彩墨画的特殊技法。

彩墨画是20世纪七八十年代从写意画和工笔画的结合中衍生出来，并得到发展和蔚然成风的一种焕发着现代文化气息的重彩绘画，特别适合于幼儿园的环境布置。通过本单元的学习，使学生初步掌握彩墨画的基本表现技法，学会运用彩墨画的特殊技法来丰富画面，为今后开展幼儿园环境创设奠定基础。

彩墨画又称现代重彩画，是在高丽纸上以水墨和重彩结合、写意与工笔并存、现代与传统融合，带有较强装饰性的一种新的艺术形式。彩墨画色彩浓郁而斑斓，具有奇妙独特的肌理效果，新颖而富有艺术魅力。

中国画历来有以墨为主和以色为主的两大流派，长期以来，重墨轻色的文人画主导了中国画领域。随着时代的发展，很多画家不满足于中国画原有的规范和程式，运用中国传统工笔画的方法，大量吸收西方绘画的色彩、造型语言以及人文精神，在技法上勇于改革和创新，因而产生了以丰富的色彩变化为主导的新风格——彩墨画，使中国画的传统技法在继承的基础上得到发展。

现代彩墨画的杰出先行者是林风眠先生。他将中国古代重彩、水墨以及西方现代绘画的元素和艺术精神融合在一起，以浓艳炽烈的色彩和铿锵有声的笔触，在宣纸上挥写重彩人物和花鸟。他那洋溢着现代气息和活泼生命的绘画，令人感到生机勃勃、耳目一新。

20世纪70年代以后，以黄永玉先生为代表的画家进一步发展了彩墨画，在高丽纸上探索工笔与写意相结合、中国画与西洋画相交融的形式，创造了大量带有装饰性的现代彩墨画。他的作品中突出的现代感和反传统的笔墨，闪烁着东西方文化精神碰撞的火花。在黄永玉先生的影响下，彩墨画得到了发扬光大，风格各异、形式多样，形成了一个为中外所注目、大众所喜欢的现代彩墨绘画流派。

《静物》 林风眠

《荷花》 黄永玉

一、彩墨画的表现风格

1. 写实风格

在造型和色彩上借鉴西方具象造型的表现手法，同时，吸收东方艺术精神，展现了绚丽、厚实和沉郁的视觉美感。如刘秉江的作品《喀什蒙面女》、杨德华的作品《彝家女》。

2. 装饰风格

在造型上运用夸张变形的表现手法，色彩绚丽、明艳、浓烈，装饰性强。如丁绍光的人物造型，脖颈细长、躯干修长，有着柔美的曲线。

3. 抽象风格

运用点、线、面的构成，将自然物象转化成一种集合抽象的形式。也有把抽象与具象融合在一起的表现方法，如蒋铁峰的作品，运用“透叠”之错形和色块交错造成强烈的视觉冲击力。

《彝家女》 杨德华

《红叶》 林风眠

二、彩墨画的工具材料

1. 纸

以高丽纸为主，其纸质较粗糙、结实有韧性，也可用较厚的夹宣纸或皮纸。

2. 笔

用木炭条起稿；用叶筋笔、衣纹笔勾线，水粉笔填色，底纹笔罩色和涂背景。

3. 墨

一般用墨汁（勾线和反面衬墨用），其渗透性强，可用水调成浓淡使用。

4. 色

水粉颜料、丙烯颜料、水彩颜料、中国画颜料等综合使用。

5. 其他

画板、调色板或调色盘、软托、画毡、喷水壶和长尺等。

《象形》 刘绍荟

三、彩墨画的作画步骤

1. 起稿

先在白纸上画草稿，然后用木炭条拷贝在高丽纸上。

2. 勾线

用叶筋笔蘸浓墨勾出线条；根据画法需要，有时也可以不勾线而先上彩。

3. 上色

彩墨画上色最大的特点就是正面上色，背面反衬墨或其他颜色，使画面色彩斑斓、变化丰富。因此，上色可厚可薄、可浓可淡，视画面需要而定。用色厚、浓，使色彩浓艳明快；用色薄、淡，能使后面反衬的颜色透出来，形成前后色交织的变化。上色时可平涂，也可有意识地不平涂，让笔触明显，富于变化。填厚色时，可适当压线、切线，使线条富有变化，但不要把画面填死，要在色与线之间适当留有空白，使背面反衬的颜色能透过来。

4. 反衬

这是体现彩墨画特点的重要步骤。一般待正面的颜色干后，在纸的背面涂染墨色或颜色，墨和颜色通过渗透，对画面正面色彩起衬托作用。反衬分一色反衬和多色反衬，一色反衬即在纸的背面涂一种颜色或墨色，而多色反衬可以根据画面的需要作局部的反衬。反衬时要注意背面的用色不能太厚太干，不然颜色就透不过来。

5. 调整画面

待画干后，对画面不满意的地方作修改调整。也可重新选色叠加，以求丰富。

步骤一

步骤二

四、彩墨画特殊技法

1. 揉纸法

这是彩墨画的重要表现手段，体现了独特的肌理效果。

将作画用的高丽纸揉皱，然后展平，用厚色平涂正面，待干后背面反衬墨或颜色，画面就呈现出独特的肌理效果。

也可以用折和扎的方法，折出条纹和放射状，背面反衬墨或颜色。

2. 喷水撒盐法

喷水、喷色：上色后，即用喷壶喷清水或颜色在纸上，会出现斑斑点点的自然效果。撒盐：在纸面上落墨后，趁湿撒上细盐，待干后将盐除去，也能出现斑驳的肌理效果。

3. 油水分离法

先用蜡笔、油画棒等防染材料画于纸面，然后用较湿的颜色或墨涂染，会出现油水分离、斑驳陆离的效果。

其他还可以用拓印、弹色等方法，也可做出各种肌理效果。

4. 拓印法

可用自然物（树叶、木板花纹等）放在纸下，用软托蘸色或墨轻轻地拓印，自然物的纹理就出现在画面上。

还可以用弹色、压印等方法，也可做出各种肌理效果。

《凭窗》 胡永凯

《小鸟》 周菱

《途中》 陈永乐

《女孩》 周菱

《鸽子》 蒋铁峰

《牧歌》 熊惠明

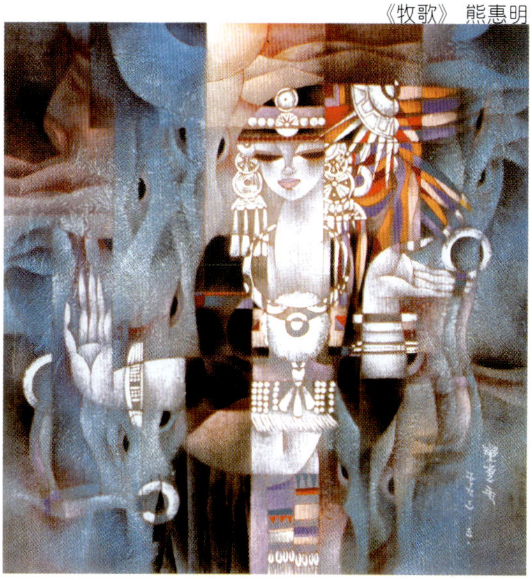

《黑郁金香》 秦龙

《喀什蒙面女》 刘秉江

《祈》 陈之川

《花儿朵朵》 蒋铁峰

《梦》 丁绍光

《花与少女》 周菱

《舞》 丁绍光

《嬉戏》 周菱

《日夜总相伴》 周菱

《仙人球》 万强麟

《唱晓》 蒋铁峰

《母与子》 丁绍光

《儿歌》 蒋铁峰

《彩蝶》 甘家伟

《浴》 赵宋生

《遥远的梦》 丁绍光

《神圣的居民》 王玉辉

《晨光》 丁绍光

《亲吻太阳》 蒋铁峰

《故土花灯》 李志国

《春雨》 丁绍光

《绿鹦鹉》 周菱

《古老的花园》 丁绍光

《卜华》 万凡

《采撷》 周菱

《姑娘与鹦鹉》 周菱

《花魂》 周菱

● 幼儿水墨画

单元学习重点：

1．幼儿水墨画教学的内容。

2．开展幼儿水墨画应注意的几个问题。

幼儿水墨画是根据幼儿的生理、心理特点，在传统水墨画基础上开展的幼儿美术创作活动，是幼儿园美术教学的一个重要组成部分。通过本单元的学习，使学生初步掌握幼儿水墨画教学的规范、内容，了解幼儿水墨画教学过程中的难点和重点，为今后开展幼儿园的水墨画教学打下扎实的基础。

水墨画，是中国画写意中的一种表现形式，是中华民族优秀传统文化的一部分。幼儿水墨画是在水墨画的基础上，根据幼儿的年龄特点与兴趣需要，用一些简单的水墨技法来表现生活中的形象，既体现中国画特有的艺术魅力，又展现幼儿自由、丰富的自我感受。

开展幼儿水墨画的主要目的是引起幼儿对水墨画的兴趣，基本掌握用笔用墨的方法，学会一些简单的水墨表现技法，能够借助毛笔、水、墨来表现自己感兴趣的事物，从而提高他们的中国画审美能力，发展感知能力，开发创作潜能。学习水墨画有助于幼儿从小接触、了解民族的传统绘画形式，对他们体会水墨画的精神内涵，继承和发扬中国画优秀文化遗产有着极其重要的意义。幼儿水墨画的教学过程就是一个让幼儿进行水墨游戏和体验的过程，是一个学习欣赏和创作的过程。

一、幼儿水墨画教学的内容

中国画历来讲究法度，讲究程式，要求笔墨规范化。目前在个别的幼儿水墨画教学中，沿袭了一套成人化的水墨画教学模式，往往过多地强调了技法，依样画葫芦，死板地规定荷花怎么画，金鱼怎么画……如此教学错误地造成了许多只会按照程式画画而且是成人化笔墨技巧的幼儿水墨画。幼儿水墨画教学中真正重要的是发扬幼儿的创造精神，提高他们的审美情趣。教师不能把笔墨技法作为教学的全部，否则儿童的创造性便容易被传统的笔法、程式禁锢住，表现出绘画题材单一、技法程式化、只会一味模仿不会创作等问题。

《美丽的孔雀》 朱文轩 7岁

《京剧脸谱》 陈翀翔 6岁

在幼儿水墨画教学中，首先要让幼儿学会正确的执笔方法。幼儿水墨画的执笔本无定式，但刚开始还是要强调悬腕悬肘。正确的执笔方法是让笔杆稳固且灵活，在作画时才能使手指、手腕、肘和肩的力量协调运用自如。执笔、蘸水、舔墨、调色等基本步骤，教师必须进行示范和认真辅导，使幼儿养成良好的作画习惯，这样才能充分感受笔墨带给他们的乐趣。

初步了解水墨的浓淡变化和水分的控制。水墨画独特的艺术魅力是因其独特的材料和绘画技法而产生的。水墨画教学中，要让幼儿了解宣纸的性能和特点，知道生宣纸沾水后容易晕染开，落笔前要掌握好笔里含有的水分。一般是先蘸水后蘸墨，毛笔一定要用水浸透，不能干笔蘸色，笔上的含水量要根据需要进行调整，比如要有明显的水迹晕染的效果，蘸水就得多；要干一些，蘸水就要少。蘸墨蘸色的时候一定要用笔尖，蘸色的面积多少由所画的对象决定。要求幼儿掌握运笔蘸墨的基本方法，要将笔斜拿，用笔尖蘸色，然后在调色盘上稍稍舔一舔，使笔尖的颜色逐渐向上渗化，从笔尖到笔根有一个由深到浅的变化。

《鸡》 施冠宇 6岁

《我爱深圳》 聪聪 7岁

掌握基本的造型技巧，感受水墨画的丰富性、多样性。对于幼儿水墨画教学中的国画技法问题，杨景芝教授曾提出：“就儿童绘画而论，国画教学一旦抛开这些技能定式，孩子就进入了笔墨的自由王国。他们尽性挥洒，充分展现令人难以置信的绘画效果。那种游戏般的趣味造型、那种童稚中的‘老道笔墨’，给人耳目一新的感觉。”

《快要下雨了》 潘洁 6岁

幼儿水墨画的题材宽泛，多以表现幼儿身边的事物为主。动物、植物、身边发生的各种各样的事，只要能引起幼儿兴趣的内容都可以用水墨画的形式进行表现。如果单调地用传统国画的梅兰竹菊等题材作为幼儿的绘画教材，只会压抑了幼儿的表现欲。

幼儿画水墨画没有固定的模式。与传统国画造型的程式化不同，幼儿水墨画造型夸张、用笔稚拙，充满着童趣，甚至有时是那么的不合常理。这主要是由于幼儿手部肌肉群正在发育中，握笔不稳，画出来的线条会显得笨拙，其实，这也正是成人所要追求的拙味。在作画过程中，笔墨有很大的偶然性，充满了意外之趣。幼儿对浓淡干湿的笔墨造型技巧不是太强，墨的层次分不清关系，水的运用也掌控不好，每一笔都是未知，每一笔都在探索，我们要多加鼓励，引导他们在宣纸上自由挥洒，描绘出色彩的绚丽多彩、水墨的干湿浓淡变化，在水、墨、色的交融中抒发自己的所思所感。同时，也可以用拓印、吹画、印染等各种表现方法，让幼儿感受水墨画的丰富性，以激发他们的表现力和创造力。

《墨韵》 丁天奕 6岁

《打雷了》 陈婧未 6岁

二、开展幼儿水墨画应注意的几个问题

1．建立水墨画教学的良好常规

水墨画教学需要使用较多的工具、材料，如毛笔、墨、颜料、调色盘、洗笔桶、抹布等，必须建立良好的常规，将调色盘、洗笔桶、抹布等工具固定位置摆放，宣纸下面需要垫毡垫或者报纸，宣纸要铺放平整，等等。另外，还有毛笔的洗涤、用笔、收纳等都要讲解、示范清楚。让幼儿穿上倒背衣，以免弄脏衣服。作画前的准备和画完后的整理也要让幼儿适当参与，养成良好的学习习惯。

《京剧》 张墨 7岁

2．笔墨训练要贯穿始终

幼儿水墨画用笔用墨的训练要贯穿在整个水墨画创作教学过程中，要注重线条的粗细、刚柔、断续、轻重等变化，运用墨色之干湿、浓淡、浑厚、苍润的微妙变化来表现五彩绚丽的效果。用笔和用墨的巧妙结合、相互映衬，使写意画达到优美的效果，这也是中国画的基本特点之一。要特别强调笔、墨的变化，让他们从一开始就养成习惯，以后就会自然而然地注意用笔用墨的变化了。在作画中用笔还要做到“大胆落笔、细心收拾”，即作画时做到胸有成竹，意在笔先，下笔肯定，不畏缩犹豫；待一幅画快完成时，要认真整理、收拾，加以调整，最终使画面达到完美的效果。

《小朋友睡午觉》 欧阳雨田　4岁

《勇敢的叔叔》 黄俊晖　7岁

《拔河》 王亚妮

3．拓宽幼儿水墨画表现题材

根据教学难易程度及幼儿思维特点，选取幼儿有能力表现的、感兴趣的题材进行描绘。教学中，要通过让幼儿置身于大自然，亲身体验、观察自然界中蓝天白云、青山绿水、花草虫鸟、瓜果蔬菜等等各种形态、色彩的景象，感受、发现其中的美丽，引发他们作画的兴趣。让幼儿自由选择带来无限乐趣和遐想的事物进行表现。另外，幼儿水墨画的题材不必总是拘泥于传统写意画常表现的一些花卉草虫，而是鼓励幼儿多表现生活中的各种生动场景和想象画。

《盆花》 胡沨　7岁

《游戏》 马琨琨　5岁半

《可爱的树袋熊》 丁越 5岁

《调皮的小猴》 肖卓琳 6岁

《霸王别姬》 殷言

《小鸡》 许思湄 7岁

《牧羊》 陈佳丽 7岁

4. 重视创造力的培养

幼儿水墨画是让幼儿画出自己独特的感受，是情感的自然流露。画画对于幼儿来说就像游戏，他们并不在乎画得如何，而是充分享受画画过程中的乐趣，他们只是运用国画这种绘画语言来表达自己对世界的理解和感受，只是对笔、墨和颜料在宣纸上所产生的渗晕效果感兴趣。所以，在毫无约束的状态下他们的思维特别活跃，想象也特别丰富，用笔也非常大胆，从而常常会画出一些让大人也自愧不如的画作来。幼儿水墨画教学要走出追求笔墨技巧的误区，让幼儿自由地发挥，教师应该通过游戏的形式，激发幼儿画画的兴趣和情绪。教师应在幼儿掌握了水墨画的基本技法要领后，积极鼓励他们在绘画中创造性地表现自己对生活的认识和情感，培养他们的想象力和创造力。切忌示范造型让幼儿“复制”，对于幼儿的创作试验不宜过多干预，最好使他们在无拘无束的状态下快乐地进行学习、游戏和创作。在这个过程中，教师应及时发现和肯定幼儿的进步和长处，赞扬他们的创造性，激发和保护他们对水墨画创作的兴趣和自信。

《看瓜地的爷爷》 胡逸 7岁

《回娘家》 何易 6岁

《家》 朱珠 5岁

5．实施多元评价

幼儿水墨画教学的评价应伴随教学的整个过程，所有的幼儿都希望能够有机会展示自己的作品，更希望得到老师的肯定、小伙伴的称赞。得到别人的尤其是老师的肯定、支持，幼儿对水墨画创作才会更有信心和兴趣。

不要以水墨画程式的高难度“技巧”来要求幼儿的水墨创作，在创作题材上要让幼儿多表现一些自己看到的、感受到的世界，在技法上，让幼儿运用自由的、多样的水墨语言。

《水乡》 戴婧怡 6岁

《鱼》 王茜 7岁

同时，水墨画活动中可采用幼儿自评、生生互评、师生互评、家长参与评价等多种方法结合的形式，使幼儿既能表达、展示自己，又能获得来自老师、同伴的评价信息，有利于培养幼儿自信、自尊、自我反省和评价的能力。

《三只公鸡》 王亚妮

《下雨了》 胡文龙 5岁

《大黑鸟》 王嘉璐 5岁

《下雨了》 邓浩宇 5岁

《我的一家》 郑蓉 4岁

《京剧脸谱》 赵梦潆 7岁

《阿婆家的门》 张飚 6岁

《鱼》 付美怡 6岁

《荷塘》 梁陶钧 9岁

《猴年》 王亚妮

● 中国画欣赏

《竹鸠图页》 李安忠 南宋

《梨花鹦鹉》 任伯年 清

《瑞鹤图》 赵佶 北宋

《竹石图轴》 郑燮 清

《春波鱼戏》 虚谷 清

《树结宝珍》 虚谷 清

《紫薇蜜蜂》 陈之佛

《紫薇蜜蜂》 陈之佛

《佳卉双吉》 程十发

《松鼠》 齐白石

《芙蓉图页》 八大山人 清

《荷鸭图轴》 八大山人 清

《雏鸡菊花》 齐白石

《墨虾》 齐白石

《牵牛葫芦》 齐白石

《青蛙蝌蚪》 齐白石

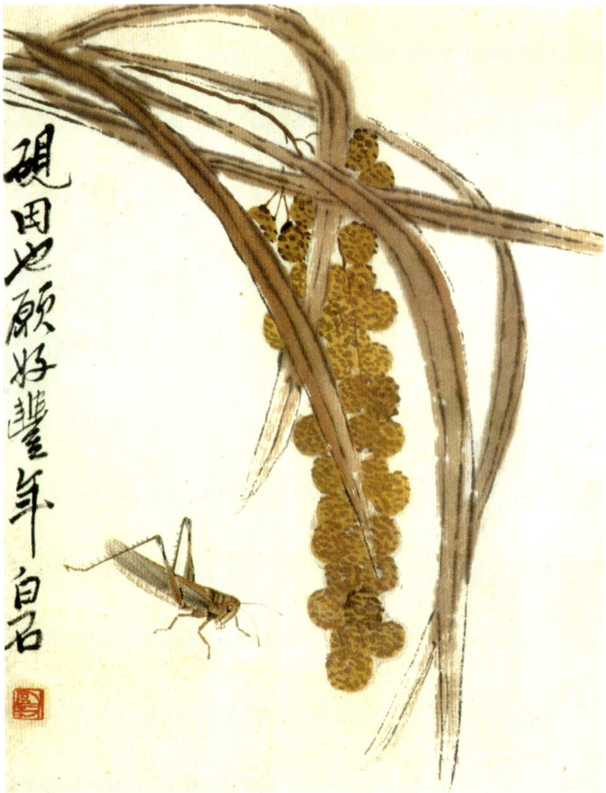

《砚田也愿好丰年》 齐白石

《荷花》 潘天寿

《雁荡山花》 潘天寿

《台风后荷花》局部 张大千

《芭蕉游鱼》 来楚生

《兔子白菜》 齐白石

《虾荷》 齐白石

《麻雀》 柯明

《桃花》 柯明

《枇杷猫雀图》 任伯年

《端午佳节》 来楚生

《葫芦》 齐白石

《山水》 潘天寿

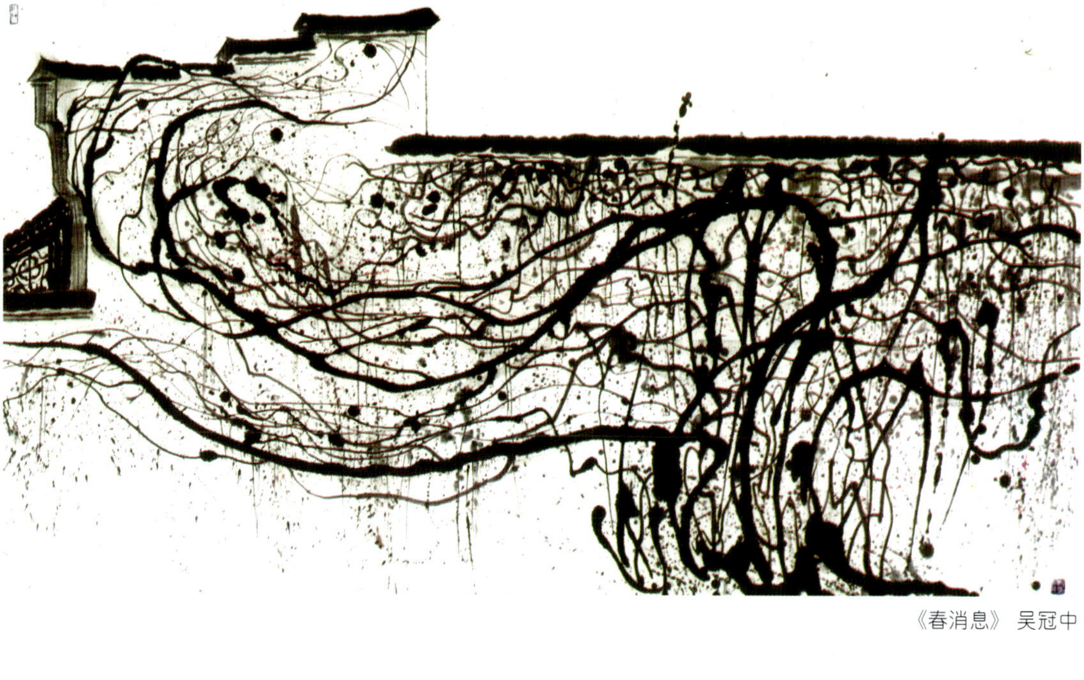

《春消息》 吴冠中

《紫藤》 任伯年

《兰石竹》 潘天寿

《枇杷鹦鹉》 任伯年

《池趣》 吴作人

《小春归鹿》 程十发

《双寿图》 齐白石

《玉兰锦鸡》 孙其峰

《碧水金荷》 贾广健

《牡丹图轴》局部 吴昌硕

《墨荷图轴》局部 吴昌硕

《紫藤》 齐白石

《兔子灯》 柯明

《兔娃》 柯明

《猫头鹰》 黄永玉

《奔马》 徐悲鸿

《傲立》 张万琪

《春牛》 梁培龙

《摘莲子》 梁培龙

《牵牛花》 齐白石

《国色》 王绣

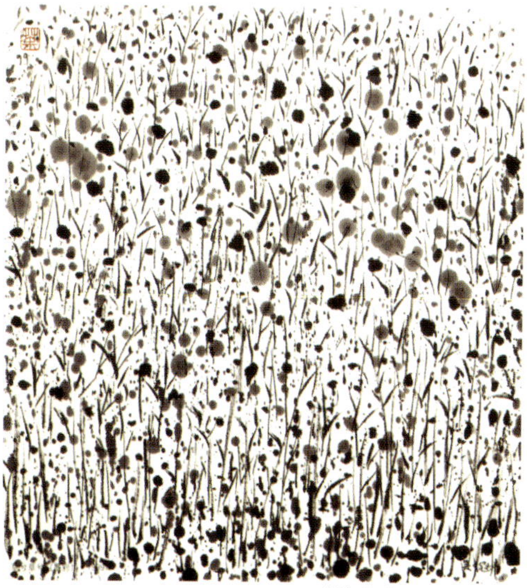

《草兮草兮》 吴冠中

图书在版编目（CIP）数据

国画／李莉等编著. —杭州：浙江大学出版社，2011.12(2023.1 重印)
（学前教育专业系列教材　美术）
ISBN 978-7-308-09449-8

Ⅰ.①国… Ⅱ.①李… Ⅲ.①国画技法－学前教育－教材 Ⅳ.①G613.6

中国版本图书馆 CIP 数据核字（2011）第 269433 号

国　画
李　莉等　编著

丛书策划　黄宝忠
责任编辑　黄娟琴
装帧设计　李　莉
出版发行　浙江大学出版社
（杭州市天目山路 148 号　邮政编码 310007）
（网址：http://www.zjupress.com）
印　　刷　浙江新华数码印务有限公司
开　　本　787mm×1092mm　1/16
印　　张　7
字　　数　140 千
版 印 次　2011 年 12 月第 1 版　2023 年 1 月第 5 次印刷
书　　号　ISBN 978-7-308-09449-8
定　　价　32.00 元

浙江大学出版社市场运营中心联系方式：0571－88925591；http://zjdxcbs.tmall.com